Este **carro** está **detrás**.

Este carro está **enfrente**.

David se sienta detrás.

El **pupitre** de Jordan
está enfrente.

Billy **maneja** su **bicicleta** detrás.

Emily maneja su bicicleta enfrente.

Lista de palabras

Palabras básicas

está

sienta

su

Palabras para conocer

bicicleta

carro

detrás

enfrente

maneja

pupitre

28 Palabras

Este **carro** está **detrás**.

Este carro está **enfrente**.

David se sienta detrás.

El **pupitre** de Jordan está enfrente.

Billy **maneja** su **bicicleta** detrás.

Emily maneja su bicicleta enfrente.

Written by: Amy Culliford
Translation to Spanish: Gilda Kupferman
Designed by: Rhea Wallace
Series Development: James Earley
Proofreader: Janine Deschenes
Educational Consultant: Marie Lemke M.Ed.

Photographs:
Shutterstock: Richard Peterson: cover, p. 1; MakDill: p. 3,
   14; Nikita Molochkov: p. 4-5, 14; Syda Productions: p.
   6; Duplas: p. 9, 14; LeMang: 11, 14; JGA: p. 13, 14

Library and Archives Canada
Cataloguing in Publication

CIP available at Library and
Archives Canada

Library of Congress Cataloging-in-Publication Data

CIP available at Library of Congress

Crabtree Publishing Company

Printed in the USA/062022/CG20220124

www.crabtreebooks.com   1-800-387-7650

Copyright © 2023 **CRABTREE PUBLISHING COMPANY**

All rights reserved. No part of this publication may be reproduced, stored in a retrieval system or
be transmitted in any form or by any means, electronic, mechanical, photocopying, recording, or
otherwise, without the prior written permission of Crabtree Publishing Company. In Canada: We
acknowledge the financial support of the Government of Canada through the Canada Book Fund
for our publishing activities.

Published in the United States
Crabtree Publishing
347 Fifth Avenue, Suite 1402-145
New York, NY, 10016

Published in Canada
Crabtree Publishing
616 Welland Ave.
St. Catharines, Ontario L2M 5V6

Apoyos de la escuela a los hogares para cuidadores y maestros

Este libro ayuda a los niños en su desarrollo al permitirles practicar la lectura. Abajo están algunas preguntas guía para ayudar al lector a fortalecer sus habilidades de comprensión. En rojo hay algunas opciones de respuesta.

Antes de leer:
- ¿De qué pienso que trata este libro?
  - *Pienso que este libro es sobre las direcciones.*
  - *Pienso que este libro es sobre el significado de detrás y enfrente.*
- ¿Qué quiero aprender sobre este tema?
  - *Quiero aprender cuando algo está detrás y cuando algo está enfrente.*
  - *Quiero aprender que significa cuando un objeto está detrás de algo.*

Durante la lectura:
- Me pregunto por qué...
  - *Me pregunto por qué los estudiantes se sientan detrás de un pupitre.*
  - *Me pregunto por qué será importante montar bicicleta detrás o enfrente de un amigo.*
- ¿Qué he aprendido hasta ahora?
  - *Aprendí que objetos y la gente puede estar detrás o entrente de muchas cosas.*
  - *Aprendí como se ve detrás y enfrente.*

Después de leer:
- ¿Qué detalles aprendí de este tema?
  - *Aprendí que los carros manejan en lineas y muchos de ellos están detrás o enfrente de otros carros.*
  - *Aprendí que en los salones escolares los pupitres están detrás o enfrente de otros pupitres.*
- Lee el libro una vez más y busca las palabras del vocabulario.
  - *Veo la palabra **carro** en la página 3 y la palabra **pupitre** en la página 8. Las demás palabras del vocabulario están en la página 14.*

DETRÁS Y ENFRENTE

AMY CULLIFORD

Traducción de
Gilda Kupferman

Un libro de Las Raíces de Crabtree

CRABTREE
Publishing Company
www.crabtreebooks.com